나 좀 내버려 둬!

– 스스로 감정을 다스리는 법

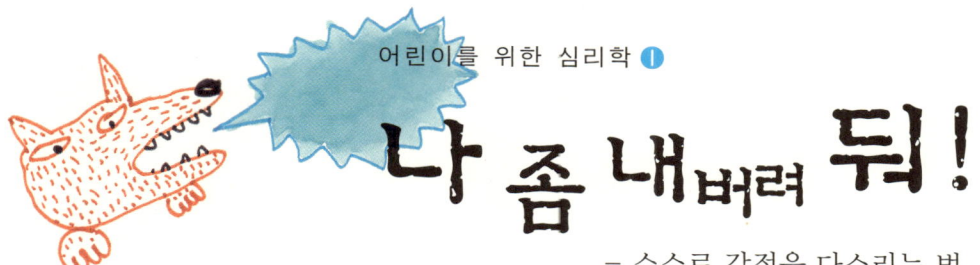

어린이를 위한 심리학 ❶

나 좀 내버려 둬!

– 스스로 감정을 다스리는 법

글·박·현·진 | 그림·윤·정·주

길벗어린이

지은이의 말

어른들은 가끔

"어렸을 때가 제일 좋았지."
"그럼, 그때 무슨 걱정이 있었어?" 하지요.
마치 아이들에게는 아무 걱정도, 고민도 없는 것처럼.
아이들은 언제나 즐거운 듯이. 정말 어른들은 아이였을 때 그랬을까요?
모든 게 다 좋고 기쁘기만 했을까요? 물론 아니에요.
어린이들에게도 걱정이 있고 고민이 있고 슬픔이 있지요.
그런데 이런 문제들에 대해 알려 주는 경우는 별로 없어요.
학교에서는 많은 것들을 가르쳐 주지만 걱정스러운 일이 생기거나
슬플 때 어떻게 해야 하는지는 가르쳐 주지 않아요.
그냥 혼자 배워야 할 때가 많지요.
때로는 책에서, 때로는 친구에게서,
때로는 부모님에게서, 때로는 내 안에 있는 또 다른 나에게서.
그럴 때 이 책이 도움이 되었으면 좋겠어요.

사람은 아기로 태어나
어린이로, 청소년으로, 청년으로 커 가고, 다시 중년으로,
노인으로 늙어 가면서 여러 과정을 거치지요.
또 여러 가지를 느끼고, 배우고, 깨닫고, 행동해요. 끊임없이 변하지요.
우리의 생각도, 기분도, 마음(욕구)도 역시 바뀌어요.
그런데 사람들은 누구나 좋은 것은 계속되었으면 하고,
나쁜 것은 빨리 끝났으면 하고 바라면서, 언제 끝이 날까를 걱정하지요.
우리가 사는 곳에는 봄, 여름, 가을, 겨울 사계절이 있고,
여름은 덥고 겨울은 추워요. 그것처럼 우리 기분도 좋은 일이 있을 때는 좋고,
나쁜 일이 있으면 나쁘지요. 언제나 좋은 것도 아니고,
언제나 좋을 수도 없지요. 그러나 때로 빨리 좋아졌으면 할 때
이 책이 도움이 되었으면 좋겠어요.

2006년 3월 박현진, 윤정주

차례

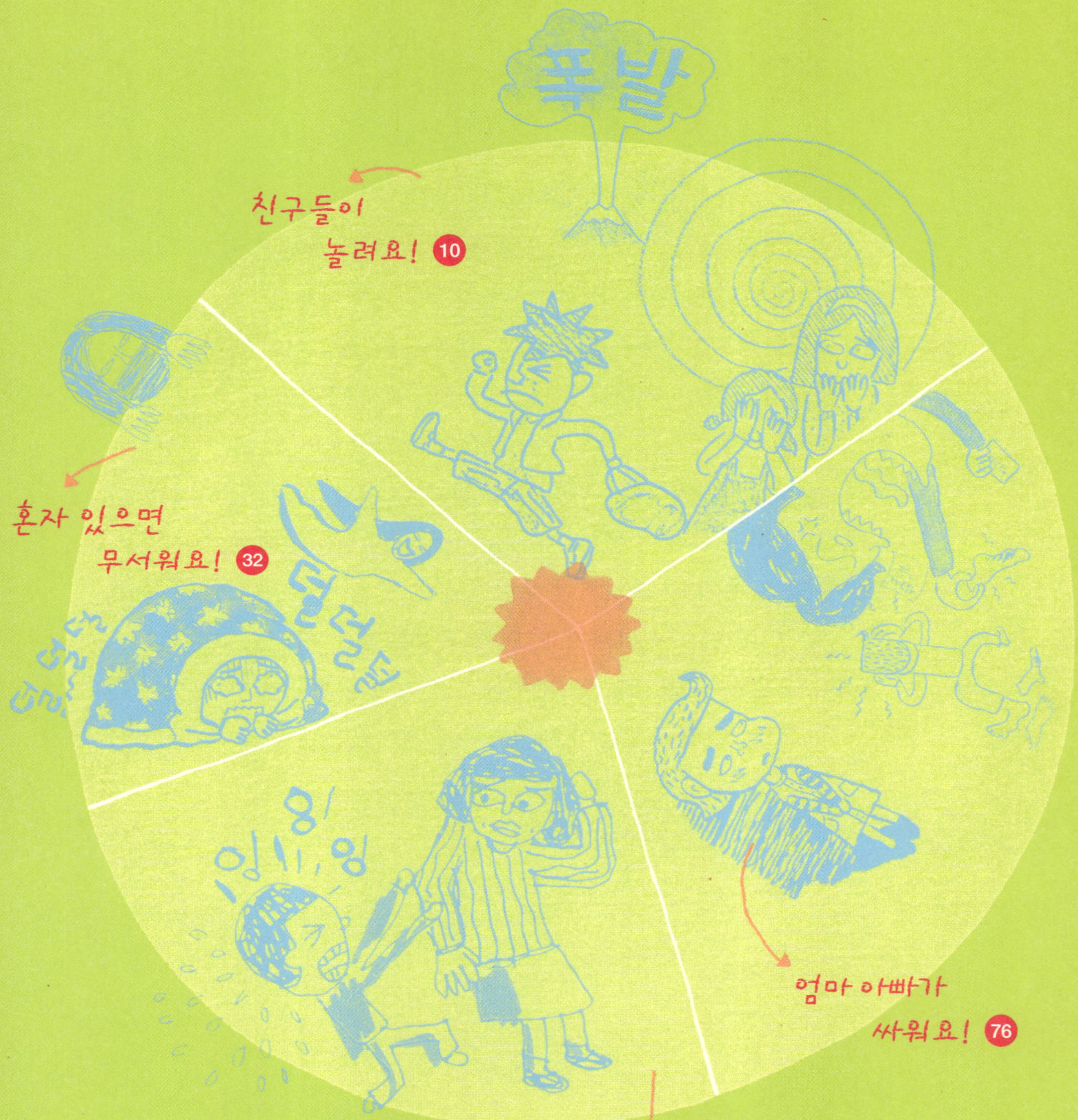

친구들이 놀려요! 10

혼자 있으면 무서워요! 32

내 마음대로 되지 않아요! 54

엄마 아빠가 싸워요! 76

발표하는 게
무서워요! 98

할머니가 하늘나라로
가셨어요! 164

하고 싶은 것이
달라요! 120

친구한테 미안한
일을 했어요! 142

등장인물

철민
친구들하고 놀기 좋아하고
장난도 잘 친다. 화가 나면 어쩔 줄을
모르고 사람들에게 화를 낸다.
아빠, 엄마, 모범생인 동생과 함께 산다.

윤석
마음이 따뜻하고 남을 잘 이해한다.
겁이 많고 생각이 많아서
힘들어할 때가 있다.
여섯 살 때 부모님이 이혼해서
엄마와 살고 있다.

현수
하고 싶은 것도 많고 열심히 한다.
가끔 마음대로 되지 않으면
신경질을 부린다.
맞벌이하는 부모님과
동생과 함께 산다.

소민

얌전하고 말이 없어서 친구들과 쉽게 어울리지 못한다. 세심해서 남들이 눈치 채지 못하는 것도 잘 알아차린다. 맞벌이하는 엄마, 아빠와 함께 산다.

경민

밝고 명랑해서 친구들하고 몰려다니기 좋아한다. 엄마가 동생만 예뻐한다고 샘을 낸다. 아빠, 엄마, 동생과 함께 산다.

은주

정이 많아서 친구들을 잘 챙겨 준다. 또래보다 어른스러운 편이다. 형제가 없고 부모님이 맞벌이를 한다.

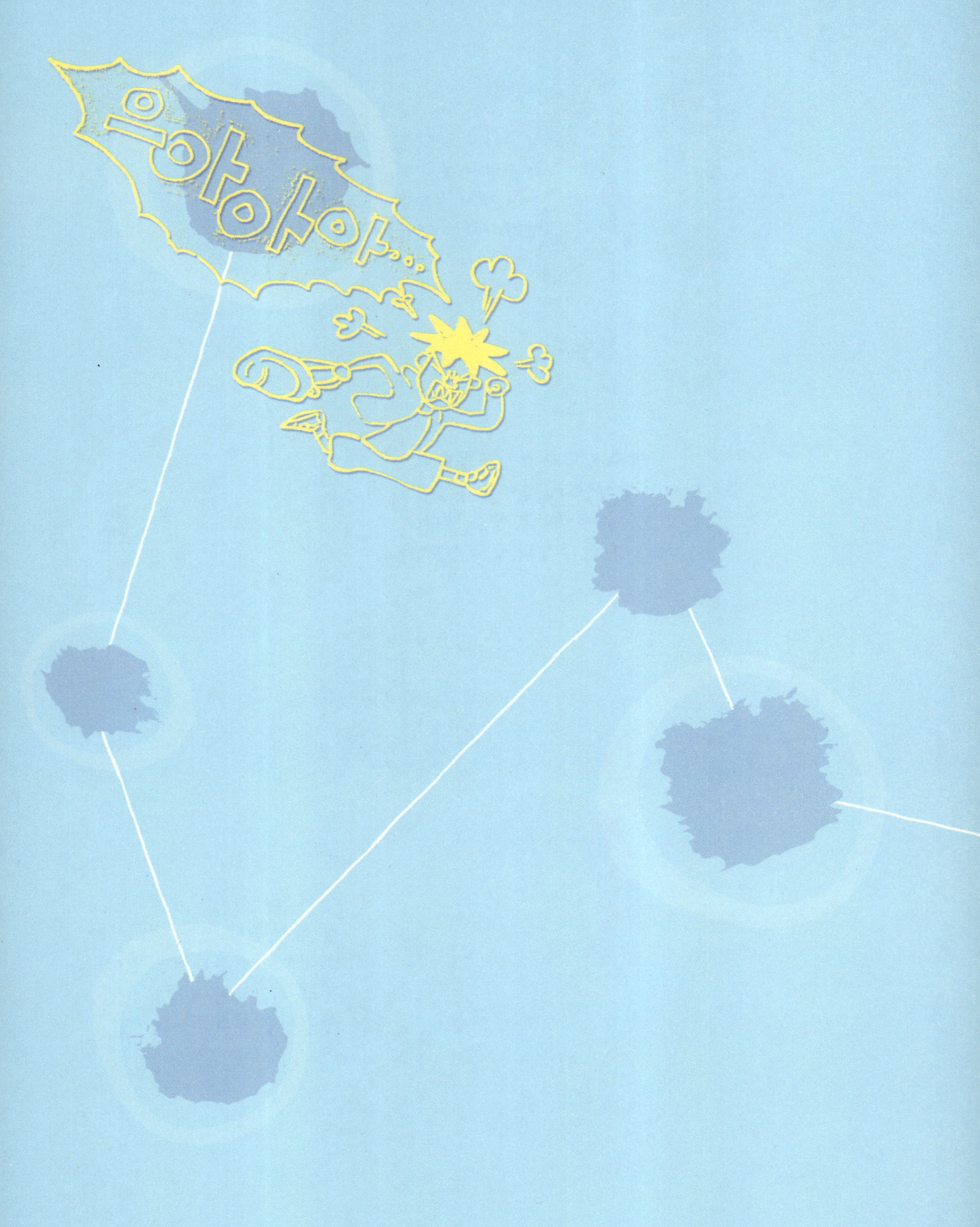

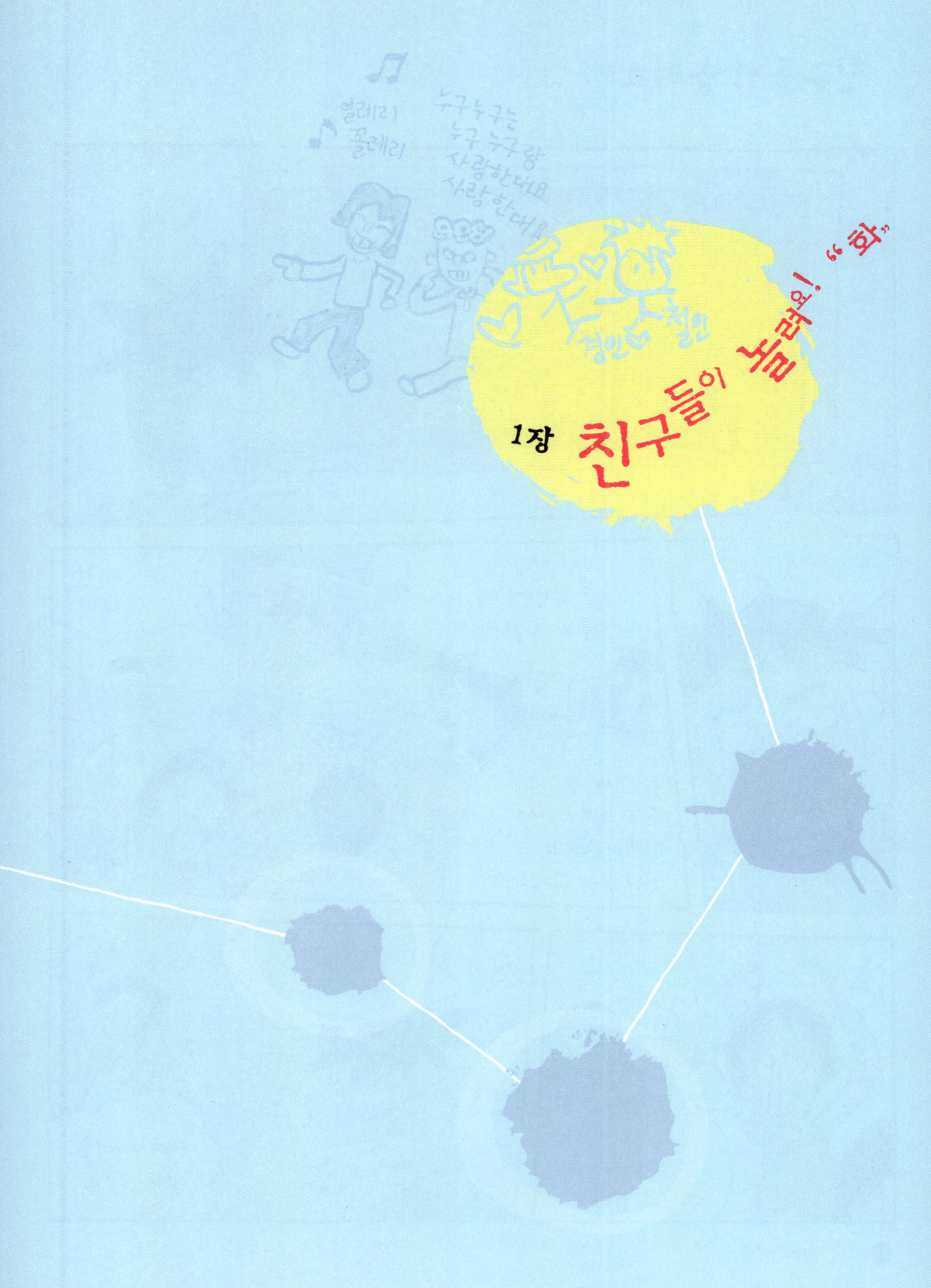

친구들이 놀려요!

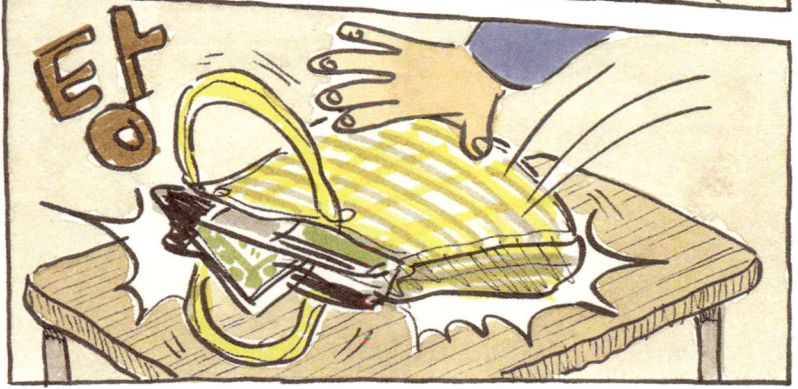

화가 난다는 건 어떤 걸까요?

철민이가 몹시 화가 났나 봐요.

무서운 얼굴로 친구들을 때리고,

철민이는 화가 난 마음을 여러 가지 행동으로 표현하고 있어요.

소리를 지르고,

화를 냈어요.

그렇게 표현하고 나서 철민이 기분이 풀렸나요? 화가 가라앉았나요?
……
점점 더 화가 나는 것 같네요.

화가 나면 몸과 생각과 행동으로 여러 가지 모습이 나타나요.

화가 났을 때의 모습을 한번 적어 볼까요?

일어난 일(언제, 어디서)	학교 교실 : 친구들이 놀림.
내 몸에서 어떤 일이?	얼굴이 빨개지고, 숨이 가빠지고, 가슴에서 울컥하고 치미는 느낌.
기분	화가 남.
나는 어떤 생각을 하고 있지?	이것들이 나를 무시하나? 왜 말도 안 되는 소리를 하지?
나는 어떤 행동을?	친구를 때림.

화는 어떤 때, 왜 날까요?

철민이는 억울하고 분한가 봐요.
자신이 결백하다는 것을 친구들이 알아줬으면 해요.
잘못한 일이 없는데 꾸중을 듣거나 벌을 받았을 때에도
억울하고 분해요. 그럼 화가 나는 게 당연하지요.
여러분은 어떤 때 화가 나나요?

친구들이 놀린다고 느끼거나, 친구들에게 오해를 받는다고 느꼈을 때.

시합에서 졌을 때.

친구가 나랑 한 약속을 지키지 않았을 때.

선생님이 내 말을 믿어 주지 않고 오해했을 때.

| 부모님이 동생이나 형(누나)과 나를 차별한다고 느꼈을 때. | 뭔가 내가 바라는 대로, 내가 생각한 대로 되지 않을 때. | 뭔가 부당하다고 생각될 때. |

특히 내 생각이 옳고 다른 사람 생각이 틀린 것 같은데
그 사람 생각대로 따라야 할 때, 정말 화가 나지요.
맞아요. 어른들도 그래요.

아빠도 억울했나 봐요. 엄마가 열심히 일하는 아빠 마음을 몰라줘서.

화는 어떻게 푸는 게 좋을까요?

화가 난 마음을 가장 잘 전달할 수 있는 방법은 말로 표현하는 거야.

분명하게, 소리 지르지 않고 말하는 거야.

그런데 그게 쉽게 안 된다고? 그렇지. 난 지금 억울하고 속상하고 화가 나는데 말이 나오냐고?

그럴 때는 이렇게 해 봐.

난 지금 억울하고 화가 나거든.

지금은 혼자 있고 싶어. 10분 동안만 그냥 나를 좀 내버려 뒀으면 좋겠어.

"잠깐" 하고 속으로 외치고 크게 숨을 여러 번 쉬면서 마음을 가라앉히고,

잠깐!

내가 무엇 때문에 화가 났는지를 한번 생각해 보는 거야.

# 곰곰이 생각해 보세요!

내가 무엇 때문에 화가 났는지 다시 살펴보는 것이 좋아요. 화가 났을 때는 정신이 없어서 왜 화가 났는지는 잘 생각이 안 나고, 화난 마음만 나한테 남아 있기가 쉽거든요. 그리고 그럴 땐 다른 사람 때문에 화가 났다고 생각하기 쉬워요. 그래서 싸우게 되지요. 화가 났을 때는 내가 화를 내는 사람과 일어난 일을 따로 생각해야 해요. 그러면 그 사람 때문에 화가 난 게 아니란 걸 알 수도 있어요.

화가 난 이유를 어떻게 생각하느냐에 따라 기분이 달라지기도 해요. 한번 살펴볼까요?

일어난 일 : 친구들이 놀림.

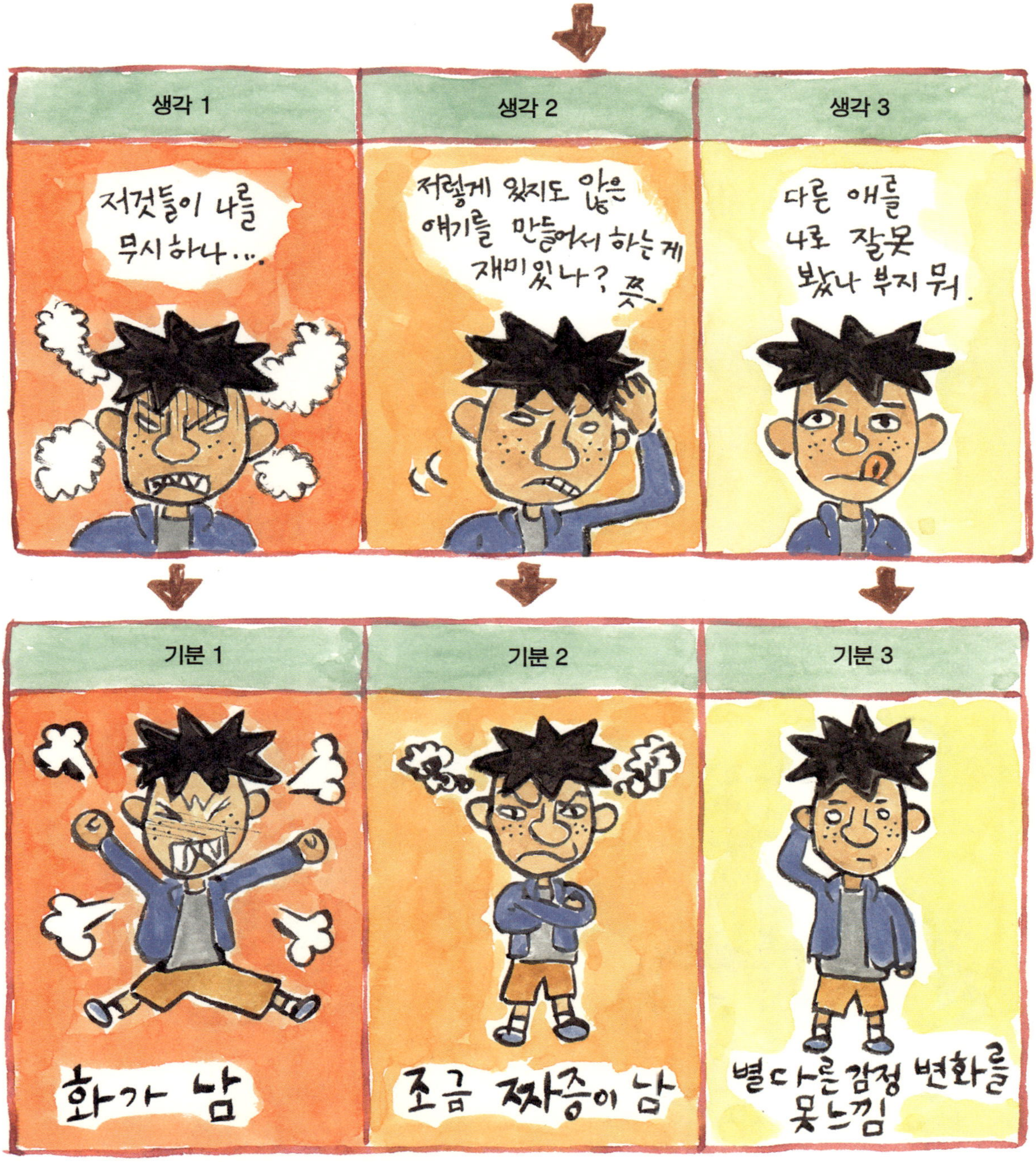

생각 1	생각 2	생각 3
저것들이 나를 무시하나…	저렇게 있지도 않은 얘기를 만들어서 하는게 재미있나? 쯧.	다른 애를 나로 잘못 봤나 부지 뭐.

기분 1	기분 2	기분 3
화가 남	조금 짜자증이 남	별다른 감정 변화를 못 느낌

같은 상황이라도 친구들이 나를 무시한다고 생각하면 화가 나겠지요.
그렇지만 친구들이 왜 그랬을까요? 내가 친구를 놀리는 경우에는 왜 그러죠?
장난이라고요? 재미로 그런다고요? 그래요, 친구들이 장난으로 그랬을 수도 있어요.
또 다른 경우는? 다른 친구를 철민이와 경민이로 잘못 봤을 수도 있지요.
그냥 친구들이 장난을 친다거나 잘못 봤나 보다라고 생각하면 어때요?
그래도 화가 불끈불끈 치솟나요?

이렇게 하는 친구들도 있대요.

어떤 친구는 화가 나서 친구를 때리고 소리를 지르고 물건을 던지고 싶었지만, 일단 숨을 깊게 들이쉬면서 참았대요. 왜냐고요? 저번에 한번 소리 지르고 그랬더니 친구들이 놀라고, 자기도 후회가 되더래요.

어떤 친구는 다른 친구들이 놀려서 처음에는 '무시'했대요. 그런데 또 놀려서 '경고'를 했대요.

그 다음에는 어떻게 됐을까요?

화가 날 때 혼자 조용한 곳에 있는 게 도움이 된다는 친구도 있어요. 아무도 없는 공원 벤치나, 자기 방이나, 커다란 나무 밑에나.

어떤 친구는 화가 나서 쓰지 않는 달력이랑 신문지를 막 찢어 봤대요.

어떤 친구는 화가 나는 상대를 베개라고 생각하고 혼자 방에서 마음껏 두들겨 패 줬대요. 주먹으로도 때리고, 발로도 때리고, 깔고 앉기도 하고….

어떤 친구는 화나는 일을 그림으로 그렸대요. 음, 글로 쓰는 게 더 좋다는 친구도 있네요.

어떤 친구는 부모님이나 삼촌, 형이나 누나같이 친한 어른들과 이야기를 한대요.

때로 내가 옳다고 생각하는 대로, 내가 바라는 대로 되지 않을 때 화가 날 수 있어요. 화가 나는 것이 나쁜 것은 아니에요.
중요한 것은 어떻게 화를 표현하는가 하는 거예요.
또 자기 자신이 화난 이유를 곰곰이 생각해 보세요.
다른 사람 때문에 화난 것 같지만 사실 그렇지 않을 수도 있거든요.
화가 날 때 친구들은 또 어떤 방법을 쓰나요?

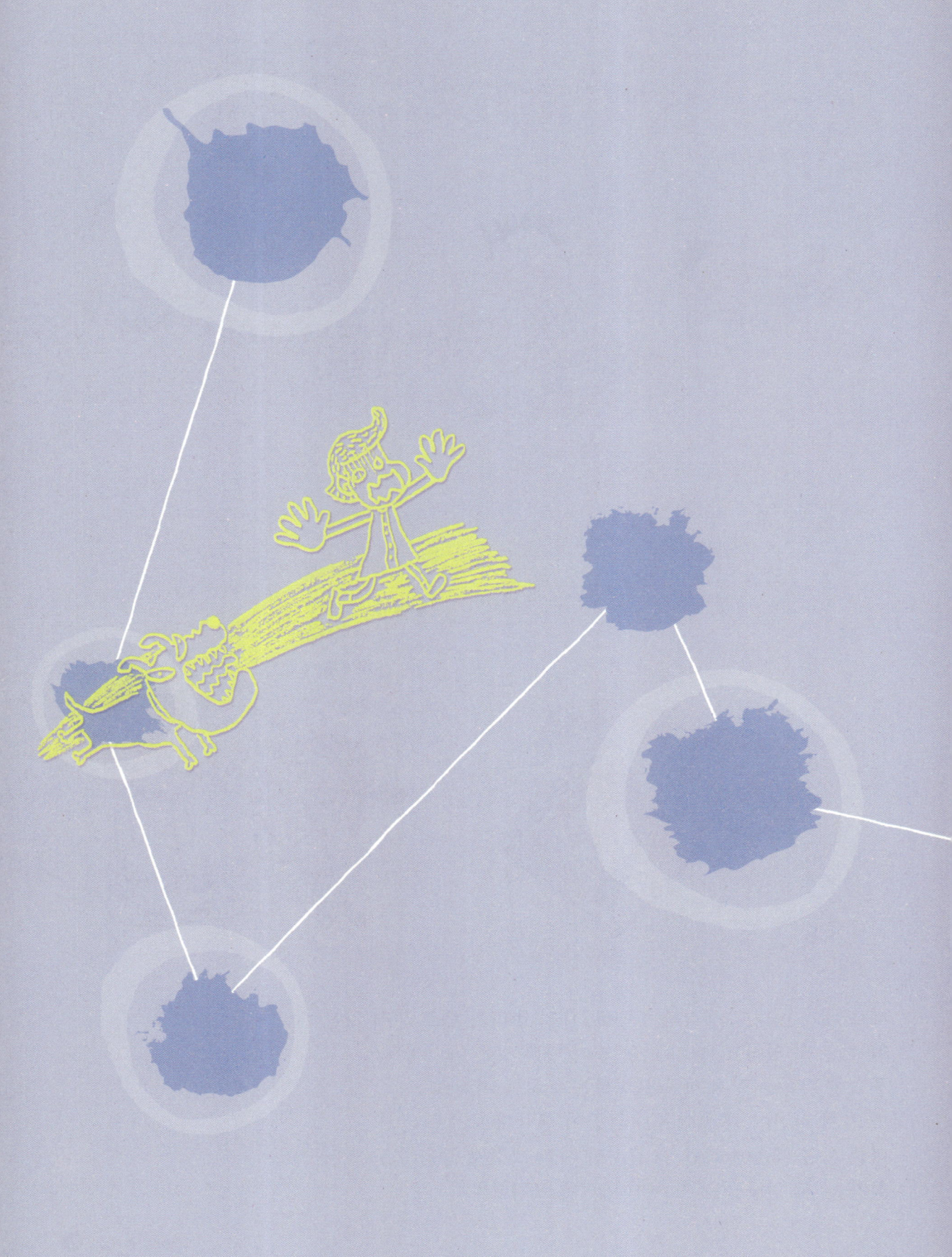

2장 혼자 있으면 무서워요! "무서움"

덜덜덜

혼자 있으면 무서워요!

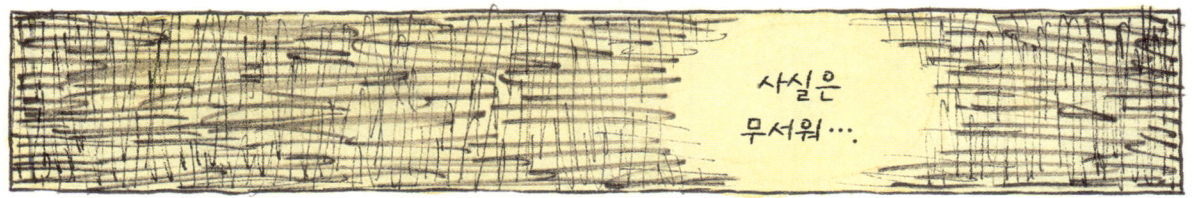

무섭다는 건 어떤 걸까요?

윤석이와 친구들은 갑자기 가슴이 쿵쿵 뛰고 두근두근하며 무서워지기 시작했어요.

어떤 친구는 밤에 혼자 있는 게 무섭고, 어떤 친구는 혼자 길에서 큰 개를 만나는 게 두렵고, 어떤 친구는 도둑이 들면 어쩌나 걱정스럽고, 어떤 친구는 귀신이 나올 것 같아 무섭대요. 그럴 땐 어떻게 하나요?

그냥 울어 버리는 친구도 있고,

으앙… 무서워.

다른 친구나 어른에게 도와 달라고 하는 친구도 있고,

화장실 같이 가자.

아무 말도 못 하고 속으로 걱정만 하는 친구도 있고,

…

무서운데 안 무서운 척하는 친구도 있어요.

쳇, 뭐야!

그런데 무서워하고, 불안해하고, 겁내면 겁쟁이고 약한 걸까요? 창피한 걸까요?

아니에요. 엄마나 아빠도 선생님들도 다른 어른들도 여러분 나이 때에는 무섭고 두려운 것이 한두 가지씩은 있었어요.

> 난 무서운 게 네 가지나 됐었어.

> 엄마는 나비를 무서워했지.

> 나는 어렸을 때 개가 사자처럼 보였어.

> 천둥치면 잠을 한숨도 못 잤지.

> 구미호만 보면 울었어. 어휴~.

이런 두려움은 커 가면서 저절로 사라지게 돼요. 여러분이 어른이 되면 "맞아! 내가 어렸을 때는 그랬지." 하면서 웃을 거예요.

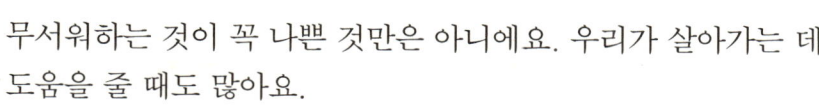

무서워하는 것이 꼭 나쁜 것만은 아니에요. 우리가 살아가는 데 도움을 줄 때도 많아요.

높은 산꼭대기에 올라가서도 전혀 무서워하지 않으면 어떨까요?
벼랑 끝에서 발끝을 조심하지 않으면 어떻게 될까요?

내일이 시험인데 불안해하지 않으면 어떨까요?
친구들이랑 놀고, 텔레비전 보고, 컴퓨터 게임 하고….
당연히 시험공부를 안 하겠지요? 그럼 어떻게 될까요?

무서움은 어떻게 나타날까요?

무서움은 몸과 생각과 행동으로 나타나요. 무서운 개를 만났을 때를 한번 살펴볼까요? 무서움이 먼저 몸으로 나타나고, 그 다음에 생각과 행동으로 나타났어요.

이번에는 밤에 혼자 집에 있을 때를 살펴볼까요?
무서움이 먼저 생각으로 나타나고,
그 다음에 몸과 행동으로 나타났어요.

밤에 혼자 집에 있을때

생각으로 나타나고,
컴컴하고 무서워! 빨간 마스크가 나타나면 어떻게 하지?

몸으로 나타나고,
몸이 덜덜 떨리고, 머리카락이 쭈뼛 서고, 팔다리는 닭살이 되고, 몸이 차가워져요.

행동으로 나타나요.

몸과 생각과 기분은 친구래요!

몸이 긴장되면 무서운 생각과 조마조마한 마음이 들어요.

몸이 편안하면 두려운 생각이나 불안한 마음은 생기지 않아요.

무서울 때는 이렇게 해 봐요!

흉식 호흡
가슴숨쉬기. 가슴 근육과 갈비뼈를 넓게 벌려 허파로 공기가 들어가게 해요.

복식 호흡
배숨쉬기. 배 근육을 폈다 오므렸다 하면서 숨을 쉬어요.

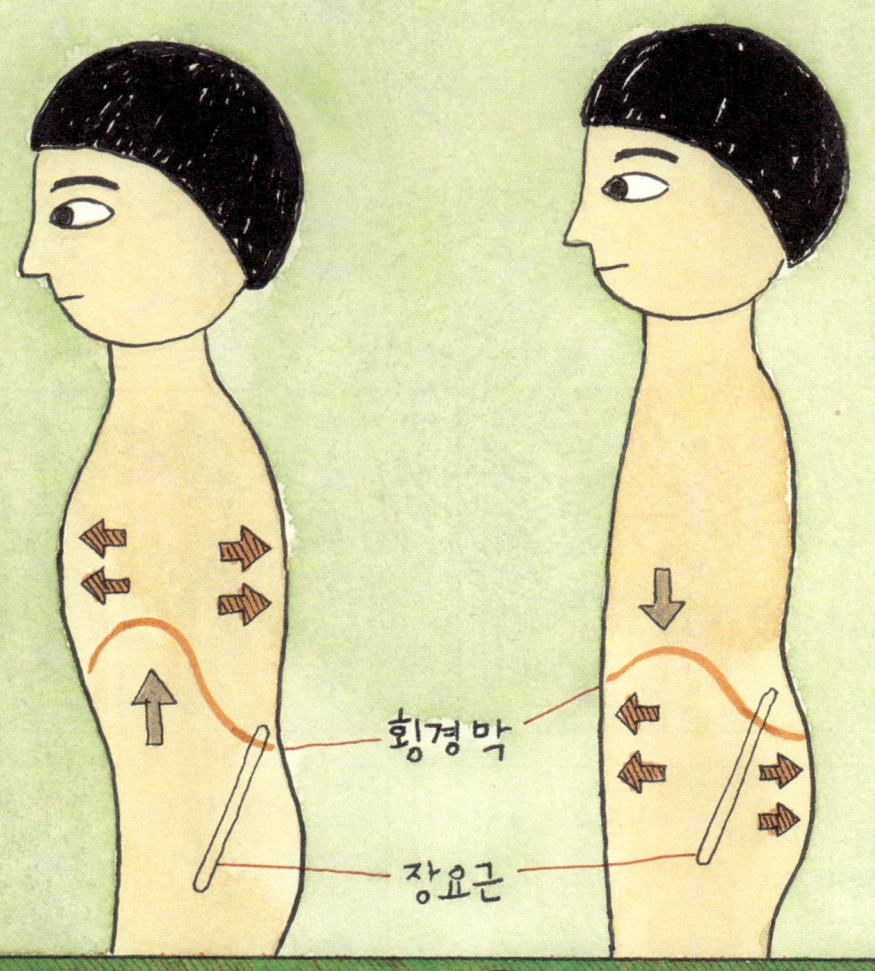

횡경막

장요근

복식 호흡법이란?

배가 불룩 나오게 하면서 숨을 들이마시면 허파 깊숙이까지 공기가 들어가요. 내쉴 때는 배를 쏘옥 집어넣어 완전히 토해 내요.
숨을 들이마실 때 어깨에 힘을 빼고 되도록 어깨가 위아래로 움직이지 않게 하는 게 중요하지요.

날마다 해 봤나요? 어때요?

이럴 땐 어떻게 할까요?

만약 길에서 큰 개를 만난다면?

연습한 호흡법으로 숨을 고르며 몸의 긴장을 풀고, 개가 어떤 상태인지 본다.

개가 그냥 걷고 있으면 나도 천천히 가던 길을 가만히 걸어간다.

개가 뛰어오고 있으면 개가 지나갈 때까지 자리에 서서 기다린다.

있는 힘껏 뛰어간다.
그럼 어떨까?
개도 뛰어오지 않을까?

옆에 지나가는 어른한테 도와 달라고 한다.

밤에 화장실 가기, 큰 개 옆을 지나가기, 낯선 곳에 가기, 치과에 가기, 어두운 곳에 가기, 높은 곳에 올라가기, 혼자 집 보기 등등 때때로 겁나고 무섭고 두려운 것들이 있지요. 가끔은 도둑이 들면 어쩌지, 귀신이 나타나면 어쩌지, 나나 부모님이 다치면 어쩌지 이런 걱정이 생기기도 하지요. 여러분이 겁쟁이여서도 아니고, 바보라서도 아니고, 약해서도 아니에요. 모두 여러분의 생각이 커지고, 몸이 자라나고 어른이 되는 과정에서 겪게 되는 일들이에요. 친구들이 가르쳐 준 방법을 써 봐도 계속 불안하고 걱정이 되나요? 하루 종일 무섭고 불안한가요? 그럴 땐 부모님이나 선생님이나 친한 어른에게 도와 달라고 하세요.

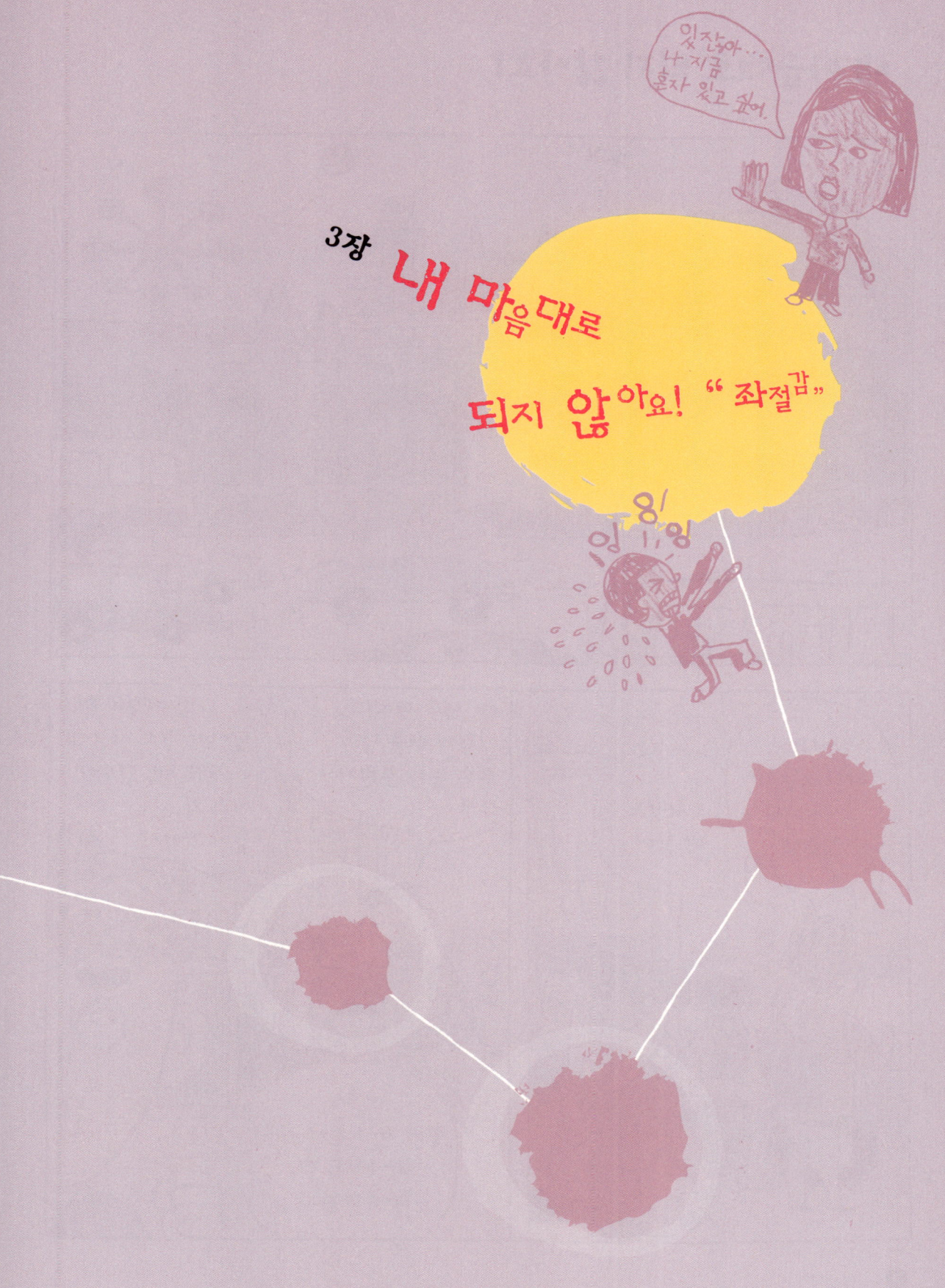

내 마음대로 되지 않아요!

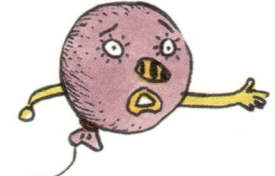

좌절감이란 어떤 걸까요?

마음과 기분은 친구래요.

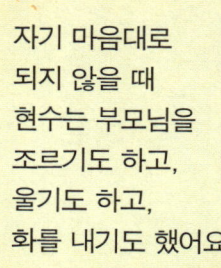

자기 마음대로 되지 않을 때 현수는 부모님을 조르기도 하고, 울기도 하고, 화를 내기도 했어요.

이럴 때 어떤 친구는 힘들지만 좀 더 참아 보기도 하고,

어떤 친구는 말로 이야기하기도 하고,

어떤 친구는 사탕을 먹으면서 배고픈 걸 대신하기도 한대요.

내가 생각한 대로, 내가 바라는 대로 되지 않으면 어떻지요? 화도 나고, 짜증스럽기도 하고, 신경질이 나고, 때로는 슬프기도 하고, 문득 불안해지기도 하지요. 이럴 때 느끼는 감정을 좌절감이라고 해요.

반대로 나가 생각한 대로, 내가 바라는 대로 될 때는 어떻지요? 행복하기도 하고, 세상을 다 가진 느낌도 들고, 편안하기도 하고, 즐겁기도 하고 그래요.

사람들은 자신이 하고 싶은 것이 이루어지면 기분이 좋아요.

이렇게 내가 하고 싶은 마음이랑 내 기분은 친구예요.
어른들도, 아기들도, 여러분도 다 비슷하지요.

나무가 크려면 물도 필요하고, 햇빛도 필요하고, 기름진 땅도 필요하고,
나무를 돌봐 주는 사람도 필요한 것처럼, 우리가 커 가는 데 필요한 것들이 많아요.
먹는 것, 입는 것, 자는 것, 안전하게 보호받는 것 등등.

배가 고파서
막 울어 대는 아기를
본 적이 있나요?

아기한테 우유병을 주면 아기는
허겁지겁 우유를 먹고 편안해져서
방긋방긋 웃지요.

배가 고픈데도 우유를 못 먹으면 어떻지요?
아기는 얼굴이 빨개지면서 큰 소리로
계속 울지요.

아기가 배가 고파서 우유를 먹고 싶은데 그게 마음대로 안 되면?
맞아요. 이렇게 아기 때는 바라는 것을 말로 하기도 어렵고, 참기도 어려워요.

여러분은 어때요?

내가 바라는 대로 잘 안 되는 때가 있어요.
지금 당장 그렇게 됐으면 좋겠는데, 속상하고 답답하지요.

여러분이 자랄수록 바라는 것도 여러 가지로 늘어나요.
갖고 싶은 것이 많아지고, 하고 싶은 일도 많아져요.
부모님 간섭 받지 않고 내 마음대로 하고 싶고,
사람들이 싸우지 않고 평화로웠으면 좋겠다는 생각도 들고요.
내 마음대로 되는 일도 있지만 그렇지 않은 일이 더 많아요.
어느 땐 내가 바라는 대로 되지만, 그렇게 되지 않는 날도 많아요.
그러면 좌절감이 어마어마하게 커지지 않을까요?
꼭 그렇지는 않답니다.
우리가 자랄수록 참는 힘이 커지고,
내가 바라는 걸 말로 이야기하는 힘도 커지거든요.

좀 더 복잡할 때도 있어요. 여럿이 함께 있을 때 사람마다 마음이 다른 수가 많아요.

기분은 자꾸 바뀐답니다.
자장면이나 딱지치기가 나의 전부는 아니니까요.
잠깐 속상하지만, 다른 일을 하다 보면 금세 잊혀져요.

사람마다 참을 수 있는 일이 달라요.

놀고 싶은 걸 참을 수 있는 친구도 있고, 참을 수 없는 친구도 있고,

자기가 하고 싶은 걸 못 해도 기분이 나빠지지 않는 친구도 있어요.

내 마음대로 되지 않을 때에는 이렇게 해 봐요!

여러분도 한번 해 볼래요? 거울을 들여다보듯이 내 마음을 한번 들여다보세요. 내 기분이 어떻지? 짜증 나고 화가 났나? 외로워서 그런가? 무엇이 잘 안 돼서 그런 거지? 그리고 한번 생각해 볼래요? 이럴 땐 어떻게 하면 좋을까?

이렇게 하는 친구들도 있대요.

뭔가 이상한 기분이라고요?
빨리 이 기분에서 벗어나고 싶어요?
이럴 때 여러분은 어떻게 하나요?

어떤 친구는 한참 동안 혼자 있고 싶대요. 그런데 혼자 있고 싶은데 주변에서 가만히 내버려 두지 않을 때도 있지요? 그럴 때는 내 마음과 생각을 얘기하는 게 좋겠지요. 사람들한테 내 마음과 생각을 얘기하지 않으면 사람들은 잘 모르거든요.

어떤 친구는 내 마음대로 될 때까지 엄마 아빠를 조른대요.
그럼 어떻게 될까요?

어떤 친구는 어떻게 하면 될까 생각을 해 보고 작전을 세운대요.

어떤 친구는 막 소리를 지른대요. 그런데 옆에 사람이 있는데 갑자기 소리를 지르면 옆 사람이 놀라겠지요? 방 안에 있으면 이불을 쓰고 마음껏 소리를 질러도 좋고, 바깥이면 사람들이 없는 곳에 가서 소리를 질러도 괜찮겠지요.

어떤 친구는 내 마음대로 되는 것을 상상해 본대요.

어떤 친구는 자기가 좋아하는 일을 한대요. 그림을 그리거나 노래를 하거나 춤을 추거나… 어떤 애가 그러는데 자기는 그럴 때 신문지 찢기를 한대요. 잠깐! 그런데 오늘 신문은 곤란하겠지요? 오래된 잡지나 신문이 좋겠어요.

내가 바라는 것을 할 수 없어서 짜증 나고 속상했나요?
엄마도 아빠도 내 마음을 몰라주는 것 같아 화가 나고 섭섭했나요?
그래요. 그런 마음이 들 때가 있어요. 누구라도 마음대로 안 될 때 짜증이
날 수 있어요. 엄마나 아빠 같은 어른들도 그렇지요.
때로는 내가 좀 참아야 할 때도 있고, 내가 좀 양보해야 할 때도 있고, 내가 포기해야
할 때도 있어요. 하지만 내 마음대로 될 때도 많다는 걸 잊지 마세요.
좋을 때도 있고 나쁠 때도 있어요. 기분은 변하는 거예요.
짜증 날 때도 있고, 섭섭할 때도 있고, 기뻐서 팔짝팔짝 뛰고 싶을 때도 있고.

내 마음대로 되지 않아요!

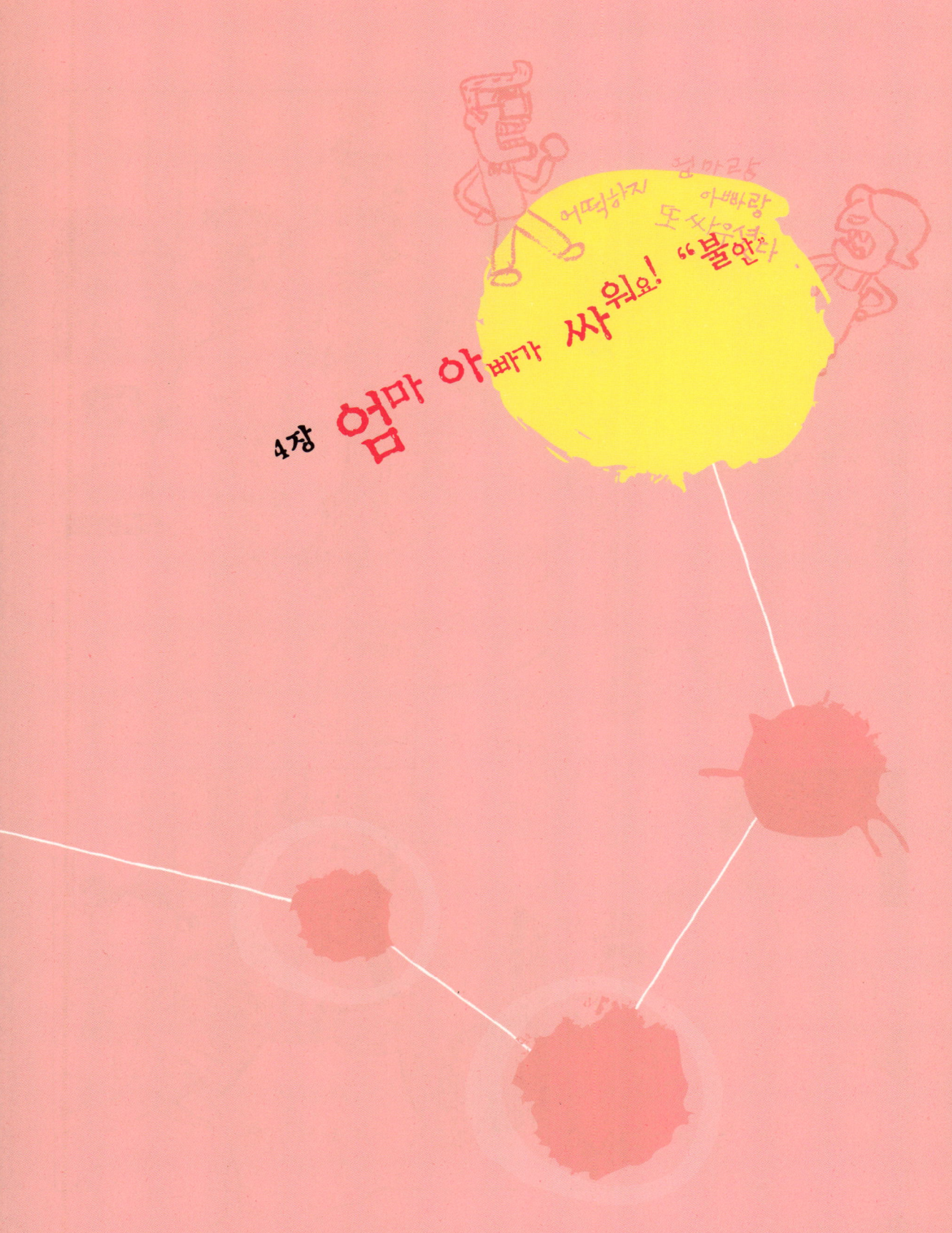

4장 엄마 아빠가 싸워요! "불안"

엄마•아빠가 싸워요!

불안하다는 건 어떤 걸까요?

경민이는 지금 몹시 불안한가 봐요.

엄마가 아빠와 자신만 남겨 두고 어디론가 가 버릴까 봐.

그래요, 엄마랑 아빠는 가끔 싸우기도 해요. 심하게 싸울 때는 경민이 엄마 아빠처럼 화가 나서 아무 말이나 막 해 버리기도 하지요.

어른들도 싸워요. 아이들처럼 말다툼을 하고, 소리 지르며 싸우기도 하고, 삐쳐서 아무 말도 안 하기도 한답니다.

우리가 싸우고 나서 화해하는 것처럼 어른들도 그래요. 그런데 정말 경민이 엄마가 떠나 버릴까요? 그런 생각이 들면 경민이처럼 불안하지요.

불안하다는 건 어떤 걸까요? 그런 기분은 몸으로도 나타나고, 생각으로도 나타나고, 행동으로도 나타나요.

아마 여러분도 엄마가 그러는 걸 본 적이 있을 거예요. 자다가 깨서 화장실 가려고 하는데….

어떤 때, 왜 불안한 마음이 들까요?

큰 개를 만나거나 치과에 가는 일, 높은 곳에 올라가는 일처럼
내가 무서워하는 일이 진짜로 눈앞에 벌어지거나, 당장 그 일을 해야 할 때 불안해요.
그런 때에는 도망을 치거나 그 일을 하지 않을 수 있어요.

그런데 경민이처럼 지금 눈앞에 벌어진 일도 아닌데 그냥 막연하게
'…… 되면 어쩌지?' 하는 생각만으로, 앞으로 어떤 일이 벌어질지 몰라
불안할 때가 있어요. 특히 내가 도망쳐 버릴 수도 없고
어떻게 할 수도 없이 그냥 불안하기만 한 경우도 있답니다.

엄마 아빠가 싸울 때   **혼자 집 볼 때**   **학교에서 캠프 갔을 때**

불안해지면 몸에서 여러 가지 모습이 나타나요.

머리가 아프고 손발이 차가워지고, 온몸에서 힘이 빠지기도 해요.
눈앞이 안개 낀 것처럼 뿌옇게 되는 일도 있어요.
또 경민이처럼 다른 일은 생각나지 않고, 앞으로 일어날
나쁜 일들만 자꾸 생각나기도 해요.

생각에 따라서 기분도 바뀌어요.

처음에는 좀 서툴고 낯설기도 하겠지만 이렇게 한번 해 보세요.

내가 걱정되는 것을 써 보고 따져 보기

일어난 일	
생 각	
기 분	
생각해 보기	● 가장 나쁜 경우 ● 가장 좋은 경우 ● 실제로 일어날 수 있는 일

> 난 이렇게 써 봤어요.

일어난 일	엄마 아빠가 소리지르고 싸웠다.
생 각	엄마랑 아빠가 따로 살게 되고 나랑 경진이도 헤어지면 어쩌지?
기 분	불안함, 막막함, 답답함, 슬픔.
생각해 보기	가장 나쁜경우 → 진짜 엄마랑 아빠가 헤어지는 것. 가장 좋은 경우 → 엄마 아빠가 화해하고 함께 행복하게 사는 것. 실제로 일어날 수 있는 일 → 모르겠다. 근데 전에 엄마랑 아빠는 싸우고 나서 3일 만에 화해했다. 어른들도 싸울 수 있지 뭐!

가장 나쁜 경우

처음에 엄마는 아빠 주변에 친구도 많고 재미난 일도 많아서 함께 어울리면 즐겁고 좋았어. 밤늦게까지 노는 것도 신 나고. 또 아빠는 엄마가 싹싹하고 깔끔해서 좋았어. 아빠한테 이것저것 잘 챙겨 주는 것도 좋았고.

그런데 엄마는 아빠가 날마다 술 마시고 친구들을 집에 데려오는 게 싫어졌어. 밤에는 아빠랑 단둘이 이야기하면서 오순도순 살고 싶었거든.

아빠는 엄마가 날마다 잔소리하는 게 지겨워지기 시작했고.

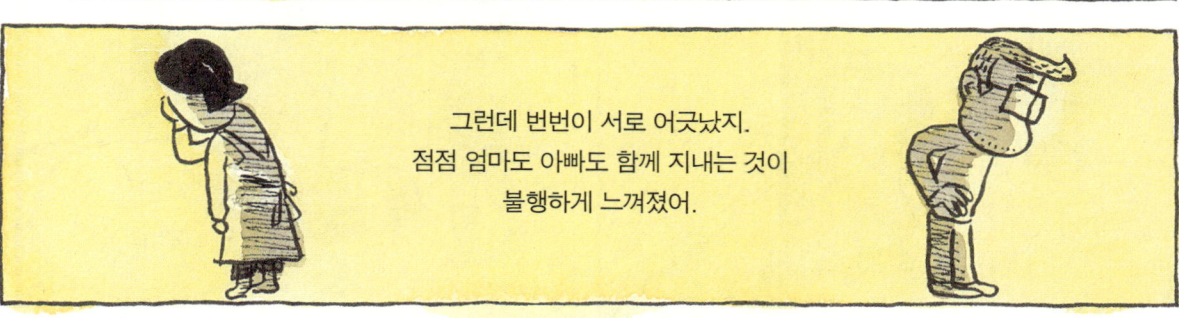

가장 좋은 경우

실제로 일어날 수 있는 일은 무엇일까?

걱정되는 일에 대해 꼼꼼하게 써 보고 따져 보니까 어때요?
걱정되는 일이 있으면 나쁜 경우만 생각하지 말고 여러 가지 경우를
생각해 보세요. 다른 기분이 들 거예요!

이렇게 하는 친구들도 있대요.

어떤 친구는 재미난 놀이나 다른 생각을 한대요.
엄마 아빠랑 재미있게 놀았던 일을 생각해 본다거나,
자기가 좋아하는 놀이를 한다거나, 즐겨 보던 책을 본다거나,
친구들을 만나서 즐거운 일을 한대요.

또 일기를 쓰기도 한대요.
내 마음을 그림으로 그려 보는
것도 좋겠지요.

자꾸 불안해요? 나쁜 일이 일어날까 봐 걱정이 돼요?
그럴 때 잘 살펴보세요. 내가 어떤 생각을 하고 있는지.
불안할 때는 나쁜 일이 꼭 일어날 거라고 믿는 수가 있어요.
그래서 점점 더 불안해지지요.
사람들이 생각하는 나쁜 일이 다 일어난다면
지구가 꽝 하고 폭발해 버렸을지도 몰라요.
그런 일은 절대로 일어나지 않는답니다.
걱정은 그만 하고 지금 내가 하고 싶은 게 뭔지 찾아볼래요?
텔레비전을 보고 싶다고요? 축구를 하고 싶다고요? 친구랑 얘기하고 싶다고요?
혹시 여러분이 알고 있는 나만의 방법이 있으면 알려 주세요.

5장 발표하는 게 무서워요!

발표하는 게 무서워요!

긴장한다는 건 어떤 걸까요?

소민이는 읽기 시간에 많이 긴장했나 봐요.

소민이처럼 많은 친구들이 보는 앞에서 책을 읽는다거나 발표를 한다거나 노래를 부를 때, 혹은 시험을 볼 때 가슴이 쿵쿵 뛰고 목구멍이 꽉 막히는 듯하고 얼굴과 목이 빨개지는 것 같고 팔다리가 후들후들 떨린 적이 있나요?

그런 친구도 있고 아닌 친구도 있다고요? 그래요, 그럴 수도 있고 아닐 수도 있어요.

다른 사람들 앞에서 뭔가를 해야 할 때, 시험을 볼 때 나는 안 그러고 싶은데 막 떨릴 수가 있어요.

다른 사람들과 다르다는 것은 창피한 게 아니에요. 사람들은 다 다른 거예요.

사람마다 긴장하는 정도가 다르답니다.

소민이는 무척 예민하고 수줍음을 많이 타는 아이 같아요. 다른 친구는 아무렇지 않게 하는 일에도 아주 많이 긴장했어요. 사람마다 긴장하는 정도가 다를 수 있어요. 누구는 높고 누구는 낮고 누구는 중간 정도이고. '자'를 가지고 정확하게 잴 수 있는 것은 아니지만 다 다르다는 것은 알 수 있지요.

얼굴이 다르고, 엄마 아빠가 다르고, 성격이 다른 것처럼 이것도 다 다른 거예요. 좀 다르면 어때요? 세상에 똑같은 것이 어디 있겠어요. 우리가 사는 세상에 해님과 달님이 있는 것처럼, 여름과 겨울이 있는 것처럼, 모든 것은 한 가지만 있는 것은 아니지요.

다른 친구들보다 긴장하는 게 더 높은 것 같다구요?

예민한 소민이는 많이 긴장해요. 물론 좋은 점도 있고 나쁜 점도 있어요. 다른 친구들이 보지 못하는 세세한 부분을 관찰할 수도 있고. 또 그래서 걱정이 더 많을 수도 있지요.

다른 친구들보다 긴장하는 게 더 낮다구요?

철민이는 처음 보는 사람에게도 쉽게 다가가고 부끄럼을 별로 타지 않아요. 또 이것저것을 잘 따져 보지 않고 행동하다가 실수를 하기도 하지요.

왜 긴장하게 될까요?

우리가 다른 사람 앞에서 어떤 일을 할 때 긴장하는 까닭은 잘 못해서 다른 사람들이 비웃거나 아니면 꾸중을 들을까 봐 그런 거예요. 하지만 그게 그렇게 큰일일까요? 사람들은 누구나 실수를 하고 또 그런 일은 쉽게 잊혀져요. 그런 일을 너무 심각하게 생각할 필요는 없어요. 다른 사람들이 지켜보는 동안 뭔가를 할 때 누구나 긴장할 수 있어요. 긴장한다는 것은 불안한 마음이 몸으로 나타나는 현상이에요. 누구나 조금씩은 긴장해요.

나는 얼마만큼 긴장하는지 살펴볼까요?

긴장하면 어떤 일이 일어날까요?

무서움과 마찬가지로 긴장하는 것이 도움이 될 때도 있고, 도움이 되지 않을 때도 있어요. 그럼 소민이처럼 긴장하는 게 어떤 것인지 볼까요?

몸	얼굴이 빨개진다. / 눈앞이 뿌연 느낌이 든다. / 가슴 속에서 뭔가 뜨거운 게 올라오는 느낌. / 목소리나 몸이 떨린다. / 가슴은 쿵쿵 뛰고 / 온몸이 차가워진다. / 온몸에 힘이 빠진다.
기분	불안하다.
생각	친구들이 내 얼굴 빨개진 것 보고 놀리면 어쩌지? / 책 읽다 틀릴까 봐 걱정이야. / 피리 잘 못 불면 창피한데…. / 으아아, 화난 엄마 얼굴이 영화처럼 떠오르네! 난 죽었다. / 난 아무 생각도 안 나. 그냥 떨려.

혹시 여러분도 이런 생각이 드나요?

소민이가 읽기 시간에 느꼈던 긴장감을 살펴볼까요?

일어난 일(언제, 어디서)	200X년 O월 OO일, 학교: 읽기 시간
내 몸에서 어떤 일이?	가슴이 콩닥콩닥 뛰기 시작하고 전기가 오는 듯한 느낌, 가슴 속에서 뭔가 뜨거운 게 올라오는 듯하고 목구멍이 좁아지는 느낌, 가슴이 철렁 내려앉는 느낌, 얼굴과 목이 빨개짐, 온몸이 차가워짐, 목소리가 떨리는 느낌
기분	불안함
나는 어떤 생각을 하고 있지?	책 읽다가 틀리면 어쩌지? 친구들이 놀리지 않을까?

시험 볼 때 불안했던 친구가 쓴 것도 있어요.

일어난 일(언제, 어디서)	200X년 O월 OO일, 학교: 시험 시간
내 몸에서 어떤 일이?	온몸이 뻣뻣해짐, 가슴이 콩닥콩닥 뛰기 시작함, 온몸이 떨림, 눈앞이 하얘짐, 연필을 쥔 손이 떨림
기분	불안함, 걱정됨, 당황스러움
나는 어떤 생각을 하고 있지?	시험 못 보면 어떻게 하지? 문제를 읽어도 이해가 안 돼. 어떻게 하지?

여러분이 겪은 일을 한번 써 볼까요?

일어난 일(언제, 어디서)	
내 몸에서 어떤 일이?	
기분	
나는 어떤 생각을 하고 있지?	

긴장될 때에는 이렇게 해 봐요.

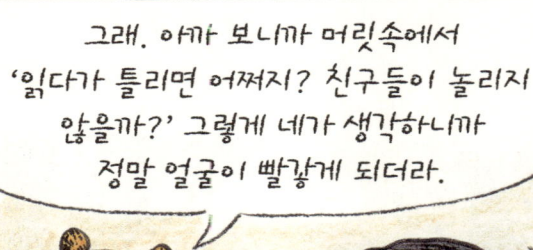

평소에 몸이 긴장되는 것을 푸는 연습을 하는 거야. 조금 예민한 사람들이 더 쉽게 긴장감을 느끼는데, 예민한 것은 좋을 때도 있고 나쁠 때도 있거든.

이렇게 하는 친구들도 있대요.

어떤 친구는 하고 있는 일에
계속 집중하려고 노력한대요.
그럼 아무 생각도 안 나고
그 일 밖에는 생각이 안 난대요.

어떤 친구는 자기가 혼자
생각해 낸 주문을 외운대요.
계속 그 주문을 외운대요.

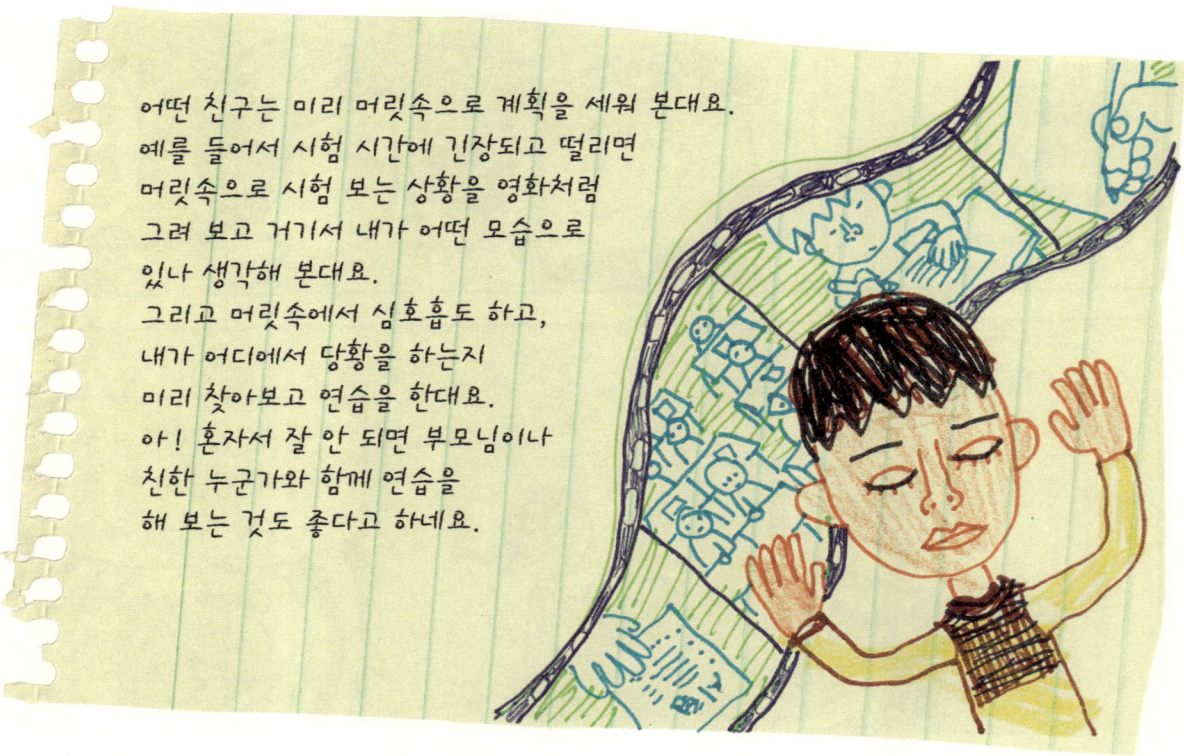

어떤 친구는 미리 머릿속으로 계획을 세워 본대요.
예를 들어서 시험 시간에 긴장되고 떨리면
머릿속으로 시험 보는 상황을 영화처럼
그려 보고 거기서 내가 어떤 모습으로
있나 생각해 본대요.
그리고 머릿속에서 심호흡도 하고,
내가 어디에서 당황을 하는지
미리 찾아보고 연습을 한대요.
아! 혼자서 잘 안 되면 부모님이나
친한 누군가와 함께 연습을
해 보는 것도 좋다고 하네요.

어떤 친구는 그냥 머릿속으로 그 상황을 계속 영화처럼 생각해 보고 자신이 하는 것을 계속 상상한대요. 잘 안 되면 "잠깐"하고 외치고 나서 처음부터 다시 상상한대요.
점점 상상하는 시간을 길게 해 본대요.

어떤 친구는 자신에게 용기를 주고 위로를 한대요.

친구들 앞에서 말할 때 많이 떨리나요? 누가 노래를 시킬까 봐 걱정이 되고
숨고 싶어요? 나만 긴장하는 것은 아니에요. 누구나 긴장할 때가 있답니다.
얼굴이 빨개지거나 팔다리가 떨리는 것은 잘못된 게 아니에요.
잘 못해서 다른 사람들이 비웃을까 봐 걱정이 되나요?
사람들은 누구나 실수할 때가 있잖아요. 여러분도 잘 알지요?
다른 사람이 실수한다고 비웃거나 욕하는 사람은 많지 않아요.
그리고 금세 잊어버리지요.
덜 긴장하게 되는 방법이 있다는 거, 잊지 마세요.

발표하는 게 무서워요!

6장 **하고 싶은 것이** 저한테 엄청많아~! **달라요!** "짜증"

하고 싶은 것이 달라요!

짜증이 난다는 건 어떤 걸까요?

친구들이 하고 싶은 거랑
내가 바라는 거랑 달라서
짜증 나고 속상한 적이 있나요?

나는 생각대로 잘 안 돼서
마음이 급한데, 옆에서 누가
다그쳐서 신경질 나고
기분 나쁜 적도 있나요?

그럴 때 친구들도, 엄마도
내 마음을 몰라주는 것 같아
화가 나고 섭섭해요?

내가 화를 내면 친구도,
엄마도 나를 나쁜 아이로
볼 것 같나요?

하지만 대놓고 화를 내지
못해서 더 신경질이 나고
기분이 나빠지나요?

그래요. 내가 바라는 대로, 내가 기대하는 대로 되지 않을 때가 많아요.
그럴 때 옆에 있는 사람에게 신경질을 내거나 짜증을 부리기도 하지요.

혹시 화를 내면 안 된다고 생각하는 친구는 없나요?
화가 나는데 어떻게 표현할 줄 몰라 답답한 적은 없었나요?
자기 마음을 참고 억누르다가 엉뚱한 사람한테 신경질을 낸 적은요?
나중에 미안하고 부끄러웠다고요?

어른들도 그럴 때가 있어요. 아빠가 회사에서 속이 상해
얼굴을 찌푸리고 들어와서 우리나 엄마한테 화풀이하기도 하잖아요.
사실 그러고 나면 아빠도 좀 머쓱하겠지요?

무조건 참는 게 좋은 걸까요?

우리는 자라면서 많은 일을 배워요.
"이것은 꼭 해야 한다." "이럴 때는 이렇게 하는 게 옳은 거야."
어른들은 우리에게 해야 할 일과 규칙들을 가르쳐 주지요.
"아, 그렇구나." 하고 쉽게 따라 하는 일도 있지만,
"왜 꼭 그래야 해?"
이해가 안 되고 지키기 싫은 일도 있어요.

동생 줘라. 넌 오빠잖아!

어휴~, 어릴 때가 좋았어. 화병 들겠어.

내신 성적 잘 받으려면 지금부터 공부 열심히 해야 한다.

현수야! 집 안에서 뛰면 안 된다. 다 큰 녀석이!

읽기 시간엔 읽기 책을 봐야지!

아기 때는 화가 나는 것을 울음으로 표현하기도 하고 소리를 지르기도 하지만, 점점 커 가면서 우리는 다른 방법으로 표현하는 것을 배우고, 상황에 따라 상대에 따라 다르게 표현할 수 있다는 것을 알게 돼요.

옆에 아무도 없고 나 혼자 있다면 화나고 속상할 때 내 마음대로 행동할 수 있어요. 그렇지만 옆에 친구들이나 선생님이나 부모님이 있어서 내 마음대로 할 수 없을 때도 있지요.

화가 난다고 물건이나 동물한테, 옆 사람한테 무조건 표현해서는 안 된다는 것을 알게 되면서 속상하고 화나는 마음을 참아 보려고 애쓰지요. 눈을 질끈 감고 이를 꽉 물고 마음을 꾹꾹 눌러 보지요. 그래도 점점 짜증이 나고 답답해져요. 속은 상하고 무작정 화를 내기도 어렵고.

내 마음이 커 가는 중이에요!

오늘 현수가 그랬어요. 친구들이랑 나랑 하고 싶은 게 달라서 화가 나지만, 항상 자기가 바라는 대로 할 수도 없고. 그렇다고 친구가 하자는 것을 따르기도 싫었나 봐요. 그러니 화를 낼 수도 없고 참자니 속상하고 뭔가 복잡한 마음이 들었나 봐요.

그런데 여러분은 알아요? 내가 주변에 아무도 없다는 듯이 막 내 마음대로 행동하지 않는다는 것은 내 마음이 그만큼 커 간다는 뜻이에요.

그래요. 우리는 혼자 사는 게 아니라 여러 사람과 어울려서 살고 있어요.
그리고 무조건 참기만 하는 게 아니라 다르게 표현할 수 있다는 것도 알고 있지요.
우리는 표정으로, 행동으로, 말로, 여러 가지 방법으로 우리의 기분을 나타내지요.
상대방에게 가장 쉽게 내 기분을 알릴 수 있는 것은 말이에요.
"나는 이것을 했으면 좋겠어." "난 이렇게 잘 안 돼서 속상해." 하고
내 마음을 말로 나타내는 거예요.

내 마음을 잘 들여다보세요!

화가 나는데 참고 싶기도 하고, 짜증이 났다가 미안해지기도 하고,
억울하고 분하다가 슬퍼지고.
또 곁에 있는 사람의 기분에 따라 내 마음도 이랬다 저랬다 바뀌기도 하지요.
이런 마음, 저런 마음이 뒤죽박죽이 되어서 뭐가 뭔지 모를 때가 있어요.

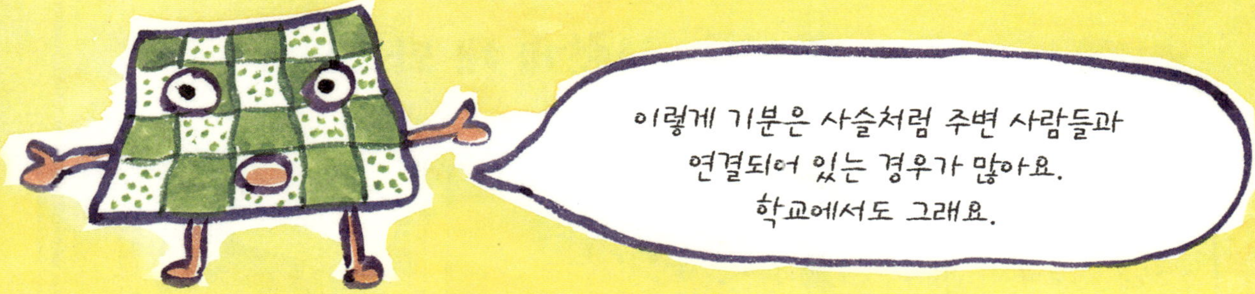

이렇게 기분은 사슬처럼 주변 사람들과 연결되어 있는 경우가 많아요. 학교에서도 그래요.

지금 내 마음이 어떤지를 잘 아는 것이 중요하답니다.

짜증이 날 때는 이렇게 해 봐요!

그러고는 전에 배웠던 '자기 위로하기'를 해 봐요.(이 책 70쪽을 보세요.)

여러분도 한번 해 볼래요? 내 마음이 어떻게 바뀌는지 잘 살펴보고요.

이렇게 하는 친구들도 있대요.

어떤 친구는 지금 내가 어떤 마음인지 거울을 보듯이 들여다본대요. 그리고 지금 화가 나는 건지, 불안한 건지, 짜증이 나는 건지, 기분이 나쁜 건지, 속상한 건지, 슬픈 건지 한번 생각해 본대요. 또 내 마음대로 내가 기대한 대로 안 된 게 무엇인지, 무엇 때문에 내가 이런 기분이 드는지 생각해 본대요.

어떤 친구는 베개를 그 사람이라고 생각하고 말하는 연습을 해 본대요.

어떤 친구는 다른 놀이나 재미있는 것을 한대요.

어떤 친구는 생각을 비디오처럼 되돌려서 다시 그 상황으로 가서 내가 다르게 행동하면 상대방이 어떨까 하는 상상을 해 보기도 한대요.

따뜻한 물에 목욕을 하거나 양치질을 하는 친구도 있어요.

어떤 친구는 맛있는 걸 먹는대요. 그런데 너무 많이 먹으면?

가끔 속상하고 화가 나지만, 옆에 있는 사람들에게 화를 내기 어려운 때가 있지요? 하지만 참고 꾹꾹 누르면 더 화가 나고 짜증이 날 때가 있어요. 이럴 때 엉뚱한 사람에게 화풀이를 하다가 내가 생각하지 못한 일이 벌어지기도 하지요? 나는 일부러 그런 게 아닌데, 그런 내 마음을 다른 사람들이 몰라줄 때도 있고요. 그럴 때 여러분은 어떻게 하나요?

하고 싶은 것이 달라요!

7장 친구한테 미안한 일을 했어요! "죄책감"

친구한테 미안한 일을 했어요!

친구한테 미안한 일을 했어요!

죄책감이란 어떤 걸까요?

윤석이는 친구들과 사이좋게 놀지 못한 게 마음에 걸리나 봐요.
현수가 그렇게 가 버린 게 계속 마음에 남아서 죄책감이 드나 봐요.

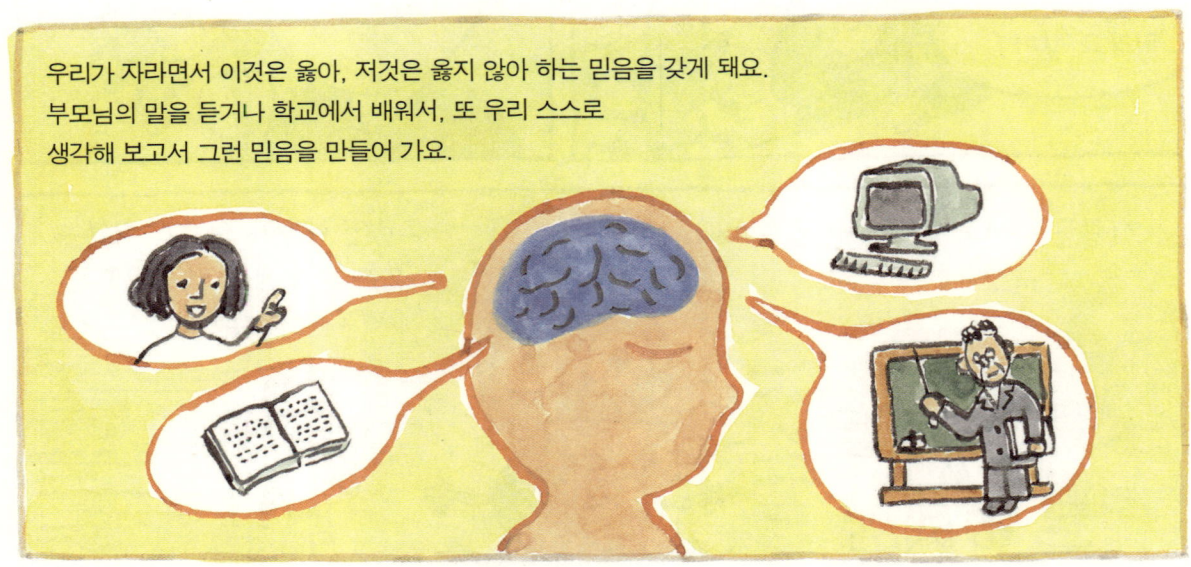

우리가 자라면서 이것은 옳아, 저것은 옳지 않아 하는 믿음을 갖게 돼요.
부모님의 말을 듣거나 학교에서 배워서, 또 우리 스스로
생각해 보고서 그런 믿음을 만들어 가요.

거짓말을 하면 안 된다,
다른 사람의 물건을 몰래 가져가면 안 된다,
이런 걸 도덕적인 기준이라고 해요.

친구들과 사이좋게 지내야 해,
내 일은 내가 해야 해, 성실해야 해,
이런 기준들도 있어요.

그런데 중요한 것은 잘 안 된다고 부끄러워하지만 말고, 내가 나를 격려하고 위로해서 기준을 지킬 수 있도록 하는 거예요.

지켜야 할 기준이 많이 있고, 기준을 지키지 못했을 때 몹시 괴로워하는 친구가 있고, 덜 그런 친구가 있어요. 이런 기준이 생긴다는 것은 우리가 점점 어른이 되어 가고, 우리 마음이 커진다는 뜻이랍니다.

윤석이처럼 자신의 행동이 현수의 마음을 아프게 한 게 아닐까 하고 죄책감을 갖거나 걱정하는 것은 다른 사람 마음을 헤아리는 더 큰 다음이 있기 때문이에요. 다른 누군가의 마음을 알아주는 것은 멋진 일이지요.

다른 사람의 말을 따르기만 한다면?

다른 사람의 마음을 알아주는 것과 그 사람이 바라는 대로 하는 것은 다른 문제예요. 윤석이와 현수에게 있었던 일을 다시 살펴볼까요?

윤석이와 친구들은 야구를 하고 싶었어요. 현수는 축구가 하고 싶었고.

"야구 하고 싶다."
"축구하자."

윤석이는 현수가 축구를 하고 싶어 하는 마음은 이해했지만, 축구를 하자고 하지는 않았어요.

"야구 하자"
"축구 하자니까"

만약 윤석이가 자신은 야구를 하고 싶었는데, 현수가 바라니까 마지못해 축구를 했다고 해 볼까요?

윤석이 마음은 어떨까요?

축구가 재미있어서 금방 그 마음이 풀리고 즐거울 수도 있어요.

또 계속 야구가 하고 싶어서 속상하고 짜증스러운 마음이 생길 수도 있지요. 현수가 축구를 못해서 짜증이 났던 것처럼요.

그래요. 상대방의 마음을 알아주고 그대로 할 때, 그게 내가 바라는 것과 다를 때는 갈등이 생기고 마음이 더 복잡해져요.

또 상대방이 바라는 대로만 계속할 때, 내 마음이 그렇지 않으면 나 스스로는 갈등이 생기지요. 마음도 불편해지고요.

그래요. 상대방의 말을 따르는 게 좋기만 한 것은 아니에요.

어떻게 했으면 좋았을까요?

이렇게 상황이 바뀔 수도 있어요.

사람마다 달라요.

우리가 사는 사회에는 여러 가지 도덕적인 기준이 있어요. 학교에도 수업 시간이 있고 쉬는 시간이 있는 것처럼 모두가 따르는 규칙이지요. 우리가 살아가는 데는 규칙이 필요하거든요.

자기가 정하고 자기가 지키는 기준들도 있어요.
친구랑 사이좋게 지내는 것, 친구를 돕는 것, 공부를 잘하는 것,
숙제나 준비물을 꼭 챙겨 가야 하는 것 등등.
그런데 이런 기준은 사람마다 달라요.

그래요. 친구들마다 다 달라요.
때로 내가 가진 기준이 어떤지를 살펴보는 것도 좋아요.
여러분은 어떤 기준을 가지고 있나요?

이렇게 하는 친구들도 있대요.

어떤 친구가 그러네요. 내가 나를 위로하라고.

실수할 때도 있는 거야. 그치?

누구나 실수한다고. 걱정마!

다른 친구는 그렇게 했는데도 마음이 편해지지 않더래요. 그래서 생각해 봤대요. 내가 왜 그랬지? 나는 내가 하고 싶은 것을 하고 싶었고, 그걸 말하고 싶었던 거라고.

맞아요. 자기 마음이나 생각을 말하는 것은 중요하지요. 상대방에게 "너는 맨날" "항상" 이렇게 말하는 건 좋지 않아요.

나는 ㅇㅇ게 하고 싶어...

어떤 친구가 그러네요.
자기는 그래도 계속 속이 상하더래요.
그래서 친구한테 가서 말했대요.
그러니까 마음이 편해지더래요.
또 말하는 게 쑥스러워서
편지를 쓴 친구도 있대요.

또 뭐가 있을까? 내가 아는 다른 방법이 있으면 여기에다 써 주세요.
다른 친구들한테도 알려 주게.

자기가 한 말이나 행동이 다른 사람 기분을 나쁘게 한 것 같아 풀이 죽고
힘이 빠질 때가 있어요. 내가 왜 그랬나 화가 나기도 하지요.
맞아요. 그런 마음이 들 수 있지요.
이건 점점 내 마음이 커 가고 있다는 증거예요. 내 기분, 내 마음뿐만
아니라 다른 사람의 마음을 헤아릴 수 있는 힘이 생기는 거예요.
알면서도 실수를 해서 괴롭다고요?
괜찮아요. 실수하지 않는 사람은 아무도 없어요.
자기를 위로하고 칭찬해 주세요. 용기를 내요.
우리는 그러면서 큰답니다.

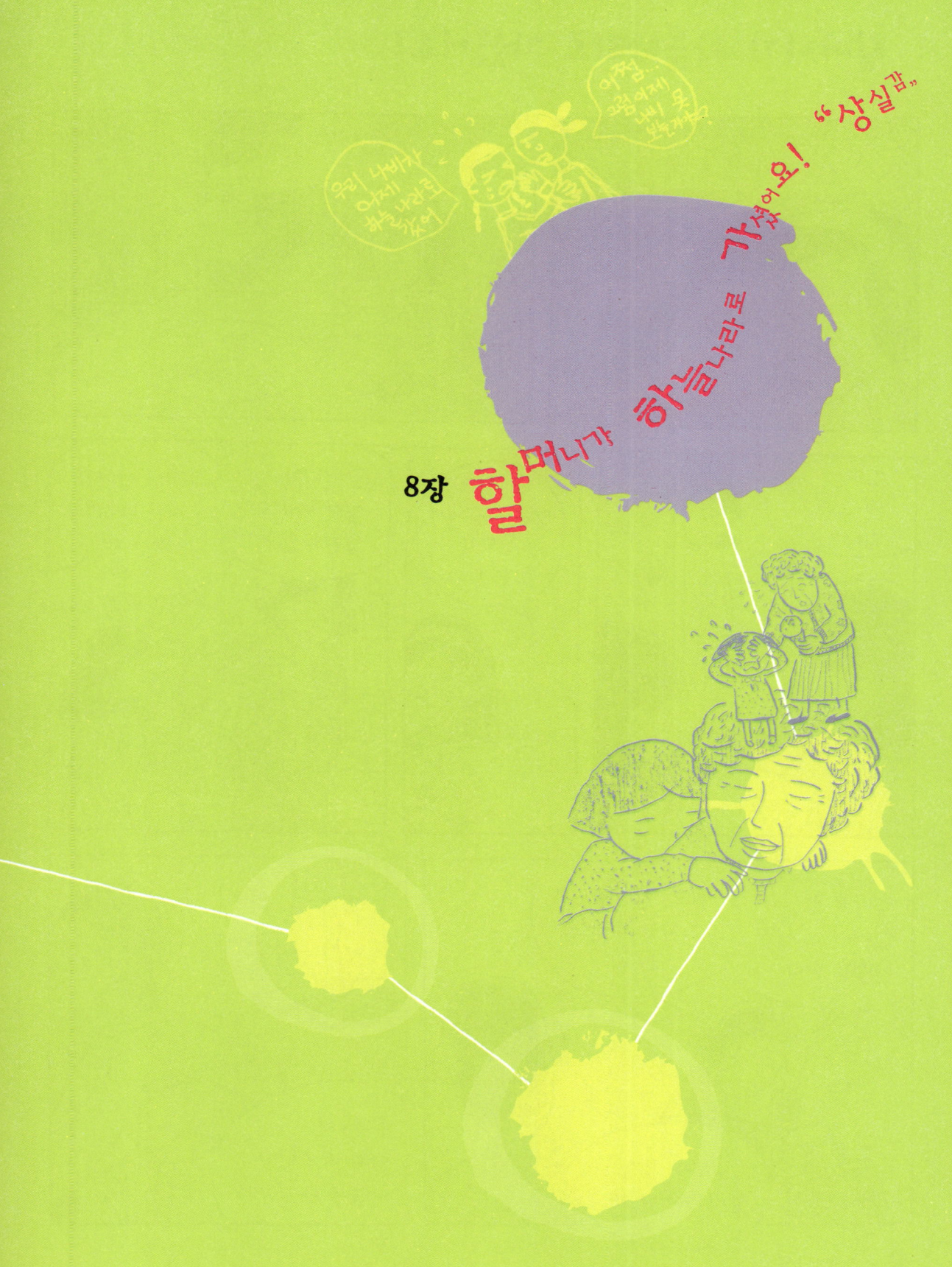

8장 할머니가 하늘나라로 가셨어요! "상실감"

할머니가 하늘나라로 가셨어요!

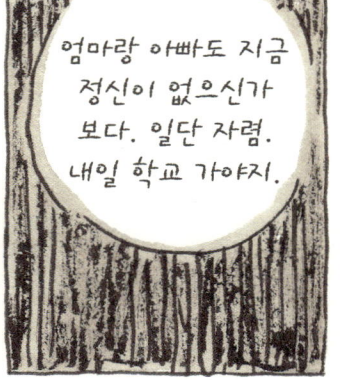

다음 날도 은주는 하루 종일 할머니 생각에 학교에서도 집중할 수가 없었어요.
그리고….

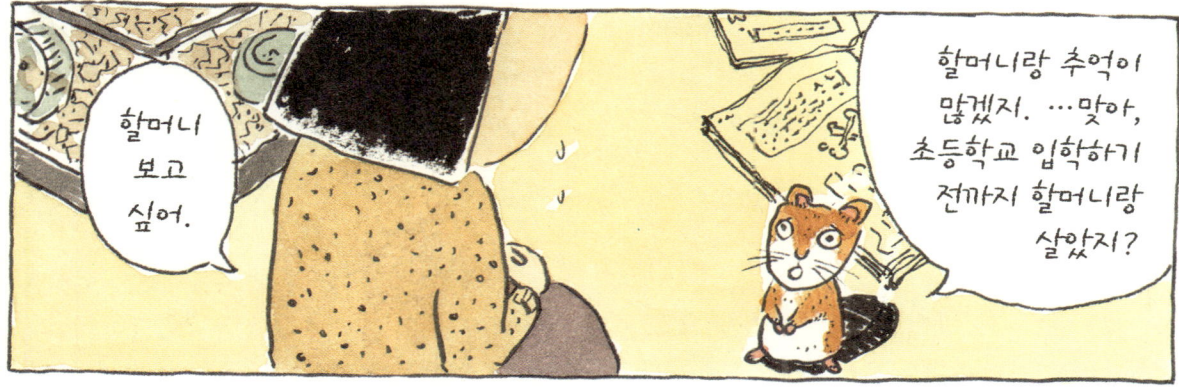

그 다음 날도 은주는 할머니 걱정에 안절부절못하고 있었어요.
그때….

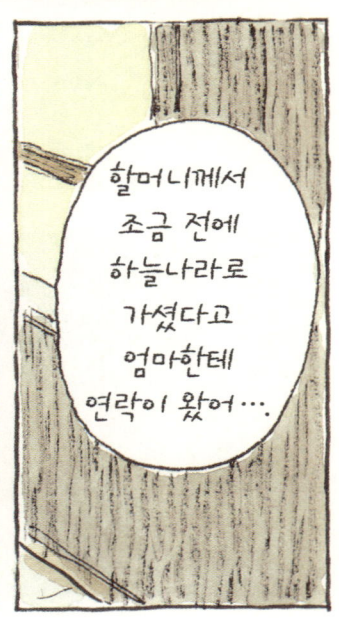

세상 모든 것이 영원할 수 없대요.

은주 외할머니가 하늘나라로 가셔서 은주가 많이 슬픈가 봐요.

여러분도 그런 적이 있었나요?
내게 소중한 사람이,
내 곁에 있던 사람이,
먼저 하늘나라로 간 적 있나요?
아니면 나랑 같이 지내던, 내가 아끼던
소중한 사람들과 멀리 떨어져야
했던 적이 있나요?

우리는 우리 곁의 모든 것들과 영원히 함께하지는 못하지요.
짧은 이별일 수도 있고, 긴 이별일 수도 있고,
영원한 이별일 수도 있고.

내게 소중한 것들을 떠나보내게 되면 슬퍼져요. 뭔가가 내 곁에서
툭 하고 떨어져 나간 듯한, 뭔가를 잃어버린 듯한 느낌이 들지요.
슬프기도 하고, 멍하기도 하고, 혼란스럽기도 해요. 내가 미처 생각하지 못한
갑작스러운 이별은 더욱 힘들지요. 이별에도 준비가 필요하거든요.

슬픔은 어떤 걸까요?

슬픔은 여러 가지 모습으로 우리에게 나타나지요. 기분이 처지고, 마음이 아프고, 속상하고. 어떤 친구들은 짜증이 나기도 하고 신경질이 나기도 한대요.

몸

 계속 눈물이 나고,

 온몸에 힘이 빠져서 기운이 없고,

 가슴이 꽉 막힌 것 같고, 머리가 아프기도 해요.

 배가 아프고,

 밤에 자다가 자꾸 깨고,

 밥도 먹기 싫어요.

기분

 아무것도 하기 싫고, 재미있던 만화도 별로 재미없어지고, 뭘 해야 할지 모르겠고.

생각

 자꾸자꾸 그 사람이 생각나고, 집중이 잘 안 되고, 멍하고.

어른들도 그래요. 어른들도 소중한 사람을 떠나보내게 되면 우리들처럼 이런 어려움을 겪어요. 며칠씩 밥 먹기도 싫고, 아무것도 눈에 들어오지 않고, 계속 눈물이 나오고, 멍하고. 이런 건 당연해요. 여름에 비가 오고, 겨울에 눈이 오는 것처럼, 소중한 누군가를 떠나보내면 이렇게 슬픈 건 당연해요.

누구는 며칠이면 괜찮아지기도 하고 누구는 몇 주, 누구는 몇 달씩 가기도 해요. 그런데 이렇게 슬픈 기분이 두 달도 넘게 계속되면 도와 줄 사람을 찾아야 한답니다. 그럴 땐 어른들에게 말씀 드려요. 만약 엄마나 여러분이 잘 아는 어른이 그렇게 오래 슬퍼하는 걸 보면 전문적인 도움을 받아야 한다고 얘기해 주세요.

이별에는 준비가 필요해요.

할머니 장례식장에 사람들이 많이 오고 엄마 아빠도 바빠졌어요.

은주야!

…내가 커서 할머니 맛있는 거랑 예쁜 옷 사 준다고 했는데….

그러게. 할머니가 은주가 커다란 어른이 돼서 맛있는 것 사 주는 것도 드시고, 예쁜 옷도 입으시고 그러면 좋았을 텐데.

……

은주야! 울고 싶으면 울어. 소리 내어 엉엉 울어. 슬플 땐 우는 게 당연한 거야. 울어도 돼.

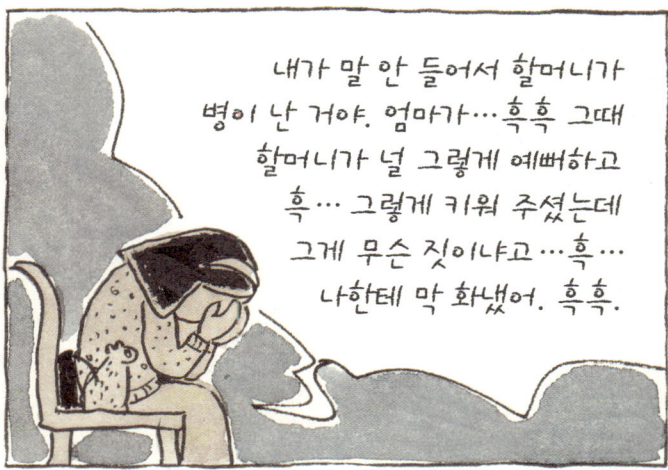

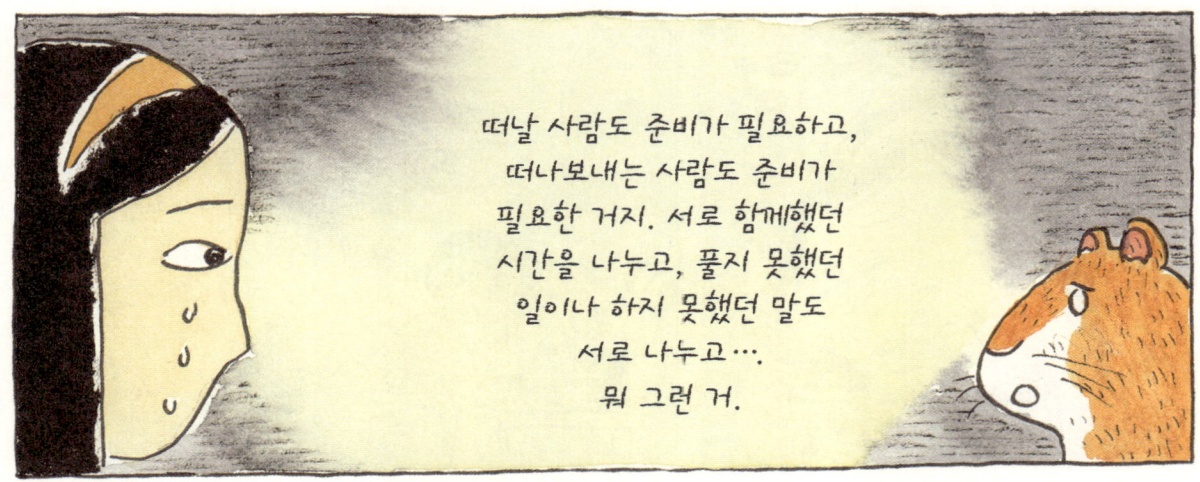

그래. 은주야! 힘들지. 나도 우리 할아버지가 하늘나라에 가셨을 때 그랬어. 아마 너도 1년쯤은 문득문득 할머니가 생각날 거야. 할머니와 함께했던 장소, 할머니 손때가 묻은 물건, 때론 '할머니'라고 누가 부르는 소리만 들어도 아마 할머니가 생각날 거야. 그럴 때 할머니와 함께했던 소중한 추억들을 떠올리고 생각하는 것은 당연한 거야. 아마 엄마도 아빠도 너처럼 그럴 거야. 지금은 그렇지만 엄마 아빠랑 함께 할머니 얘기를 하면서 웃을 수 있는 날이 올 거야.

이렇게 하는 친구들도 있대요.

어떤 친구는 눈물이 나고
슬퍼서 계속 울었대요.
눈물이 나오는 만큼
울고 싶은 만큼 펑펑
울었대요.

어떤 친구는 떠나간
사람이나 동물에게
그동안 하지 못했던
이야기를 편지로 썼대요.
앗! 편지 쓰는 것보다
그림 그리는 게 더 좋은 친구는
그림으로 그렸다는군요.
같이했던 시간들,
좋았던 기억들,
힘들었던 기억들도
그림으로 그리고.

다른 친구는 가까운 누군가에게
슬픈 마음을 이야기했대요.
얘기하다가 슬퍼서 눈물도 흘렸대요.
어떤 친구는 자기 친구가 그렇게
슬퍼해서 같이 이야기를 했대요.
맞아요. 슬픔은 나누면 반이 되고,
기쁨은 나누면 두 배가 된다는 말도 있지요.
그렇게 슬플 때는 누군가와 함께
슬픔을 나누는 것도 좋아요.

어떤 친구는 떠나간
사람이나 동물한테
화가 나서 혼자서
소리를 꽥꽥 질렀대요.
그러니까 어떻더냐구요?
글쎄요. 그건 그 친구한테
물어봐야겠는데요.

내게 소중한 무엇이 죽어서 더 이상 볼 수 없게 되었을 때. 슬픈 건 당연해요.
눈물이 나오는 것도 당연해요. 그런 적이 있어요?
그건 여러분 마음에 사랑이 있기 때문이랍니다.
그 사람과 함께 있어서 행복했던 기억을 떠올려 보세요.
잘못한 일이 떠올라 괴롭고 후회가 되나요?
아마 그 사람은 여러분이 사랑했다는 걸 잘 알 거예요
이제, 여러분이 눈물을 그치고 행복해지길 바랄 거예요.

어린이를 위한 심리학 1
나 좀 내버려 둬! - 스스로 감정을 다스리는 법
박현진 글·윤정주 그림

1판 1쇄 펴낸날 2006년 3월 25일
1판 31쇄 펴낸날 2022년 6월 20일

펴낸이 이충호
펴낸곳 길벗어린이㈜
등록번호 제10-1227호
등록일자 1995년 11월 6일
주소 04000 서울시 마포구 월드컵북로 45 에스디타워비엔씨 2F
대표전화 02-6353-3700 | 팩스 02-6353-3702
홈페이지 www.gilbutkid.co.kr
편집 송지현 임하나 이현성 황설경 김지원 | 디자인 김연수 송윤정
마케팅 호종민 신윤아 김서연 이가윤 이승윤 강경선 | 총무·제작 최유리 김희영 김혜윤
ISBN 978-89-5582-153-6 77180 | 978-89-5582-112-3 (세트)

글 ⓒ 박현진 2006 · 그림 ⓒ 윤정주 2006
이 책은 저작권법에 따라 보호받는 저작물이므로, 저작권자와 길벗어린이㈜의 허락 없이는 이 책의 내용을 쓸 수 없습니다.